LETTRE

CRITIQUE

SUR LA COMEDIE

INTITULE'E

L'ENFANT PRODIGUE.

LETTRE

CRITIQUE.

SUR LA COMEDIE

INTITULE'E

L'ENFANT PRODIGUE.

OU

L'ECOLE DE LA JEUNESSE.

Leprix est de douze sols.

A PARIS, RUE S. JACQUES:

Chez PIERRE RIBOU, au coin de la rue de la Parcheminerie.

M. DCC. XXXVII.

Avec Approbation & Privilege du Roi.

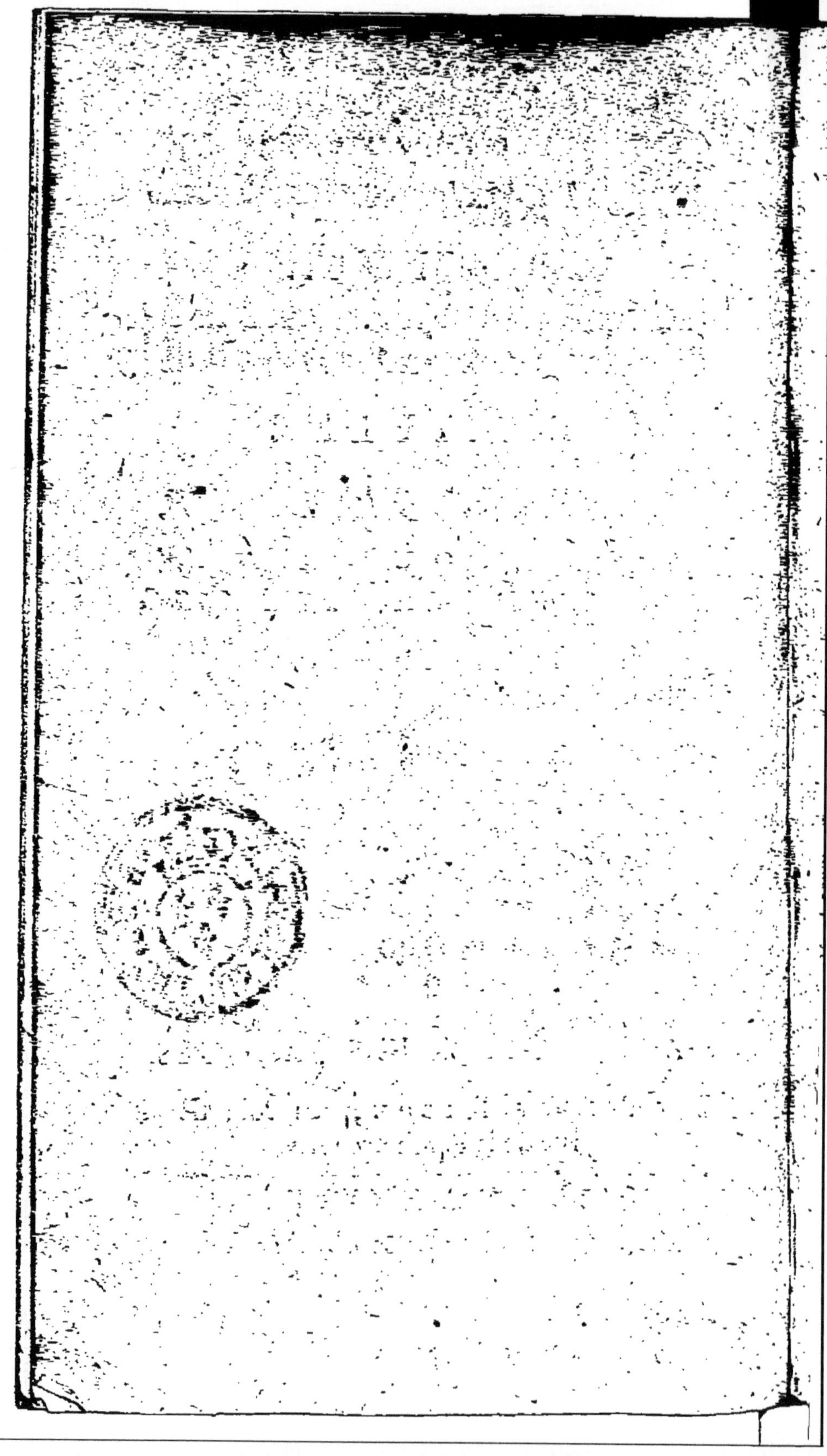

LETTRE
CRITIQUE,
Sur la Comédie intitulée,

L'ENFANT PRODIGUE.

O U

L'ECOLE DE LA JEUNESSE.

ONSIEUR,

Les Comédiens François viennent de donner au Public une Piece qui a pour titre : *l'Enfant Prodigue*, ou *l'Ecole de la Jeuneſſe*. Cette Comédie a eu un grand ſuccès, quoique peu mérité. C'eſt au Public à juſtifier ſes applaudiſſemens, & à faire voir qu'il a pû, ſans bleſſer ſon juge-

A iij

ment sain & solide, loüer une Piece qui
n'a d'autre avantage que celui de la nou-
veauté.

Sans entrer dans le détail de ce qui fait
la bonne Comédie, je demande si le pathétique est de son ressort. A ce mot, je vois
s'élever contre moi une foule de Critiques,
qui ayant fait entrer dans leurs Pieces
cette partie, qui ne convient qu'au seul
Tragique, ont interêt de faire croire que
ce n'est pas l'impossibilité d'atteindre au
vrai Comique, mais l'envie d'attraper le
point de perfection, qui les a engagés à
s'en servir. Je leur demande, si nos plus
grands Maîtres ont fait entrer cette
partie dans leurs ouvrages : la remarquons-
nous dans Moliere, dans Regnard ? Si nous
remontons plus haut, la verrons-nous
dans Plaute, dans Terence ? A moins que
ces Messieurs ne se jugent plus sçavans que
les grands hommes que je viens de nom-
mer, ils doivent passer condamnation,
& exclure le pathétique de la Comédie.

Cela posé, remarquons un deffaut essen-
tiel dans l'Enfant Prodigue. Il s'écarte ab-
solument de cette regle indispensable, il
est tout fondé sur le pathétique. Reconnoissance des deux Amans, reconnoissance
du Pere & du Fils, pardon obtenu : tout
cela ne semble-t'il pas plus appartenir au
Tragique qu'au Comique ? Mais exami-

nons la Piece en détail , & tâchons de juf-
tifier notre fentiment , qui paroît fronder
celui du Public.

D'abord cette Comédie n'eft, à vrai
dire , ni une Piece d'Intrigue , ni une de
Caractere , quoiqu'il foit facile de remarquer que l'Auteur avoit deffein de joindre
ces deux parties enfemble.

A l'égard des Caracteres , quoiqu'il n'y
ait rien de plus ordinaire que de voir fur
la Scene des Peres avares , des Petits Maîtres , des Femmes ridicules & capricieufes;
néanmoins on peut dire que les Caracteres que l'Auteur nous préfente , font
tous neufs & qu'il ne s'eft propofé aucun
modele ; car il n'eft pas croyable qu'il
exifte de femblables gens dans le monde.
Mais voyons-les de fuite.

Rondon , pere de Life , l'un des plus
confidérables Perfonnages de la Piece,
fait voir par fes difcours fon exceffive avarice. C'eft un homme groffier , brufque ,
colere , fans éducation , qui n'eftime la vertu qu'autant qu'elle eft accompagnée de
grands biens , ou qui pour mieux dire ne
la connoit pas , qui parle auffi mal qu'il
penfe : caractere par conféquent méprifable , & peu digne de la dignité du
Theatre.

Fierenfat , fils cadet d'Euphemon , trouve le moyen de fe rendre odieux à tout le

monde. Outre la soif des richesses qu'il a
de commun avec son prétendu beau-père,
il possede une ame noire, un caractere dé-
naturé. Peu content d'enlever Lise à son
frere, il veut encore le dépoüiller de tous
ses biens, & prétend s'en faire un mérite
auprès de sa future. L'amour n'a point de
pouvoir sur cette ame basse & servile, les
vices ne laissent chez lui nulle place à la
vertu, il contraint même Euphemon de
regreter son frere aîné, qui quoique libertin avoit un fond de probité, que ce
pere déplorable n'a pas la consolation de
trouver dans Fierenfat son cadet : ainsi je
conclud que ce caractere ne peut que paroître détestable sur la Scene.

Venons maintenant à Madame Croupinac qui débute par une demie-douzaine
d'impertinences au moins ; on n'a jamais
rien vû de si monstrueux que ce personnage, tantôt disant des douceurs, & tantôt s'exhalant en propos de halles. En vérité, je ne sçai pas où les Personnages de cette
Piece ont été élevés, mais il n'y en a pas
un qui sçache vivre. Cette femme laisse
voir qu'elle est altiere, coquette, empor-
tée. Ce personnage qui n'est qu'épisodique,
est si mal amené, qu'on reconnoît aisé-
ment le besoin qu'en avoit l'Auteur pour
remplir ses cinq Actes.

Euphemon pere est un homme assez

simple, qui n'a d'autre deffaut que celui
de condescendre trop facilement aux volontés de Fierenfat, & de ne pas dompter
le mauvais caractere de ce fils. Quoique
l'Enfant Prodigue son aîné l'ait offensé
grièvement, on peut le blâmer de ne le pas
secourir, le sçachant malade, arrêté & réduit à une extrême misere. J'aurois même
souhaité qu'on eût mis ce caractere dans un
plus beau jour.

Je ne puis qu'admirer le caractere de
Lise; elle est jeune, elle est belle, elle joint
à ces ayantages un caractere véritablement
vertueux, bien soutenu, bien menagé, &
contre lequel toute critique doit échoüer.

L'Enfant Prodigue a un caractere moitié
vertueux, moitié vicieux; il a un vrai fond
de probité, mais il se laisse facilement en-
traîner par l'apas des plaisirs : la pauvreté
l'a rendu meilleur, sans lui avoir entierement ôté le désir de se replonger dans le
vice. Il fait quelquefois paroître de grands
sentimens qui ne sont que l'effet d'un orgueil humilié, qui partent d'un cœur qui
n'est sage que parce qu'il n'a plus les moyens
de faillir.

Jasmin, son Valet, est un insolent qui
ne sçait pas respecter la misere de son
Maître.

Je ne dirai rien de la Suivante, qui n'est
là que pour cacher l'Enfant Prodigue dans
son armoire.   A v

Voilà sur quoi est fondée cette Piece, qui a eu un succès étonnant, & qui doit encourager bon nombre d'Auteurs. Venons maintenant à la Piece en elle même:

ACTE I.

SCENE I. La Scene ouvre par Euphemon pere, & Rondon. Rondon commence par développer son caractere poli, en appellant son ami vieux fou : il parle ensuite de la signature du Contrat, & de la donation qu'Euphemon doit faire de tous ses biens en faveur de Fierenfat son fils cadet.

Car sans cela, (dit-il,) point de Life pour lui,

Euphemon pour le satisfaire, est obligé de lui répondre :

Il aura Life, & mes biens aujourd'hui.

Rondon s'étend ensuite sur l'Enfant Prodigue, loüe Euphemon de l'avoir déshérité, l'irrite encore contre ce misérable fils. Mais pourquoi, dira-t'on ? C'est sans doute afin qu'Euphemon ne se repente pas de ce qu'il a fait en faveur de Fierenfat ; & de plus, ne faut-il pas bien faire l'exposition ? Qu'importe de quelle maniere elle soit amenée ; il fait ressouvenir ce pere infortuné des tours que son fils lui a fait, & le tout pour alonger la Scene.

SCENE II. Life vient ensuite, on ne sçait pas bien pourquoi, elle vient tou-

jours , cela suffit. Rondon son pere lui demande si elle n'est pas prête à lui obéir , en
épousant Fierenfat ; elle lui répond hadi-
ment que non : Il s'emporte : elle lui dit
encore résolument que non : Hé bien , lui
dit Rondon ,

  Tu ne seras de vingt-ans mariée.
  Soit , (répond-elle ,

 Rondon prend sottement ce soit-là
pour un consentement de sa fille ; ce qui
l'oblige d'en marquer sa joye à Euphemon :
il lui fait ensuite une mercuriale qui paroît
assez déplacée , puisqu'il s'imagine qu'elle
consent à tout. Mais il faut bien donner
lieu au portrait qui suit. Il lui dit qu'il prétend qu'elle aime Fierenfat son prétendu.
Non pour lui , non pour toi , mais pour moi ,
Parce que je le veux , parce que c'est ma loi.

 Conclusion charmante , & digne du caractere de Rondon , qui pendant tout le
cours de la Piece ne se dément en aucune
façon.

 Lise , après le verbiage de Rondon , trouve
moyen de placer le portrait d'une femme
vertueuse qu'elle commence ainsi ,

 Je sçai qu'il faut , aimable en sa sagesse,
 De son époux mériter la tendresse ,
 Et réparer , du moins par la bonté ,
 Tout ce qui peut manquer à la beauté.
 L'Auteur voudroit , ce me semble , faire

entendre que la beauté est préférable
à tout, ce mot *du moins* le marque assez, &
en cela je ne suis pas de son sentiment ; je
trouve que la bonté du cœur, (telle que
l'entens l'Auteur,) ne doit être comparée
avec les agrémens du corps, que l'âge,
les maladies détruisent peu à peu.

Elle finit son portrait par ces Vers, après
s'être plaint de ce que son pere lui ordon-
noit d'aimer son futur époux.

Mais pour mon cœur il le doit mériter ;
Ce cœur au moins difficile à dompter,
Ne peut aimer ni par l'ordre d'un pere,
Ni par écrit, ni pardevant Notaire.

Beaux sentimens, s'ils étoient ou mieux
placés ou mieux amenés.

Euphemon applaudit justement à cette
morale, & dit que c'est à son fils à mériter
le cœur de Lise ; mais le bouru Rondon
ne lui donne pas le tems de parler, il le
charge d'épithetes impertinentes, telles
que sont,

Radoteur complaisant,
Vrai corrupteur d'enfant.
Jamais, (continua-t'il,) sans vous ma fille
   mieux apprise,
N'eut devant moi lâché telle sotise.

Le pauvre homme se prend à Euphemon, de ce que la nature a appris à sa fille à raisonner.

Comme il a épuisé cette matiere, il est obligé de se jetter sur une autre, qui lui fournit un portrait, (car notre Auteur est fertile en portrait) il dépeint le Notaire chez qui il se propose d'aller, & finit ainsi.

Allons hâter son bavard griffonnage,
Lavons la tête à son large visage,
     Puis je reviens
Gronder ton fils, ma fille & toi.
  (A quoi répond Euphemon) Fort bien.

Voilà comme Rondon termine ce mauvais & dégoutant portrait. J'avoue mon ignorance : sans l'autorité de l'Auteur, je n'eus jamais cru qu'on eut pû dire, *laver la tête d'un visage.* Cette expression me paroît bien neuve ; on apprend toujours quelque chose avec les grands hommes.

SCENE III. Lise reste seule avec sa Suivante, dont on n'a pas jugé à propos de dire le nom : peut-être l'Auteur a-t'il eu raison ; car il les sçait si mal composer qu'il n'y a pas de plaisir à les entendre, ils ne flattent pas l'oreille. Fierenfat, Croupinac, Rondon : il est à présumer qu'il a voulu nous donner du bas ; & en vérité il y a très-bien réussi.

La Suivante, curieuse de ce qu'elle doit déja sçavoir, interroge Lise, pour lui faire

conter son histoire , & pour instruire le
Public de ses sentimens; elle lui demande
si l'aîné dans son cœur fait bien du tort au
cadet. Aimez - vous ? (dit-elle,) haissez-
vous ? parlez net. Lise, forcée de lui répondre , fait la comparaison de ce qu'elle
sent avec une tempête , & la Suivante lui
représente que ,

> Fille de bien sçait toujours dans sa tête
> D'où vient le vent qui cause la tempête.

Nota que *dans sa tête* est cheville, &
pour suppléer au deffaut de la rime : tant
il est vrai qu'à présent il est permis de sa-
crifier la raison à la rime , du moins les Auteurs modernes s'efforcent-ils de nous le
prouver. La Suivante tâche de pénétrer le
secret de sa Maîtresse ; elle lui parle de
l'Enfant Prodigue. Mais , dit-elle ,

> Vous m'avez ordonné
> De ne parler jamais de cet aîné.
> De qui ? (répond Lise,) d'Euphemon.

Tout cela est si embarrassé, qu'il est aisé
de remarquer que tout ce qui a été dit auparavant , n'est que pour obliger Lise à
avouer sa foiblesse pour Euphemon fils ,
qui, quoique débauché & absent, a toute sa tendresse. Autre matiere , autres portraits. Il faut bien peindre l'Enfant Prodigue. *Il est beau garçon , il danse bien , il a*

de beaux cheveux blond. Tout cela est fort interressant pour le Public. Le portrait qui suit est un peu mieux placé, & il auroit été à souhaiter que l'Auteur eût rempli le caractere qu'il a avancé : mais il est plus facile d'établir le génie de son Heros, que de le remplir dignement; c'est aussi en quoi a manqué notre Auteur. Il a peint ses Heros avec des couleurs vives, des traits singuliers qui devoient produire de bon Comique : au contraire, ces personnages par leurs expressions se rendent méprisables. C'est-là ce qui distingue l'homme de génie d'avec celui qui n'a que de l'esprit ; le dernier conçoit un caractere, mais l'autre après l'avoir conçû, le rend, ne s'en écarte jamais, le fait paroître dans un beau jour, & en tire tout ce qu'on en peut tirer : c'est le point difficile, & celui qu'on attrape rarement.

La Suivante peint donc l'Enfant Prodigue avec toutes les qualités d'une honnête homme, mais d'un homme qui se laisse facilement emporter par le plaisir : Lise couronne ce portrait par cet éloge.

Il étoit né pour le bien, je l'avoüe.

S C E N E IV. Au milieu de cette conversation, arrive l'illustre Fierenfat. C'est un homme respectable, un Senechal ..... ou plutôt une bête féroce ; il vient

fans qu'on l'attende , & fans être annoncé.
Ce Senechal pouffe la groffiereté, la bruta-
lité , le mauvais naturel jufqu'à l'excès.
Chaque parole qu'il profere , eft ou une
impoliteffe ou une bêtife ; & fon caractere
eft entierement hors de la vrai-femblance,
car il a eu la même éducation qu'Euphemon fon frere aîné. Mais , dira-t'on , il
eft des caracteres qui ne peuvent fe
dompter. Il n'en eft point qui tienne contre la bonne éducation , & la différence
n'eft que dans le plus ou le moins de pro-
grès. Les premieres paroles de Fierenfat dé-
peignent au vrai fon caractere , il ne s'en
eft jamais trouvé de fi noir. J'avoüe que
pour intereffer le Spectateur , il ne falloit
pas rendre Fierenfat auffi vertueux que fon
frere , que cela auroit coupé l'intérêt , n'é-
tant pas jufte de récompenfer un libertin à
l'égal d'une perfonne qui n'a jamais donné
aucun fujet de mécontentement. Mais falloit-il nous infpirer de l'horreur pour lui ?
Falloit-il nous le rendre vil & méprifable.
Non fans doute : c'eft cependant ce qu'à
fait notre Auteur, il a trouvé le fublime
moyen d'avilir fes perfonnages par les expreffions baffes qu'il leur met dans la bouche. Que veulent par exemple dire quelques unes de ces expreffions de Fierenfat ?

Cette donation
Doit augmenter la fatisfaction

Que vous avez d'un si bon mariage
Surcroit de biens est l'ame du ménage.

Et ceci :

Vous entendrez murmurer : La voilà.
En vérité quand j'examine au large
Mon rang , mon bien , les honneurs de ma
    Charge.
Je vous en fais mon compliment, Madame.

Peut-on s'énoncer avec plus d'impertinence & de fatuité ? Matamor se vanteroit-
il avec plus de suffisance & de présomption?
du moins parleroit-il plus correctement.
Examiner au large : cette liaison là ne s'est
jamais trouvée dans Richelet. L'Auteur a
voulu donner à Fierenfat un caractere tout
neuf , & il a réussi ; car en vérité on ne
peut croire qu'il y ait fous le Ciel un fem-
blable homme ; on ne lui reprochera pas
d'avoir tiré ce personnage d'après nature.
Pour adoucir cette impertinence , il a eu
recours à son ordinaire refuge. Un portrait
dans cet endroit lui a été d'une nécessité in-
difpenfable ; auffi s'en fert-il à fa maniere
accoutumée ; il le met dans la bouche de
la Suivante , qui dit à Fierenfat des vérités
qui feroient à peine fupportables dans la
bouche de Life. Fierenfat , avec raifon
s'en offenfe ; & prie affez incivilement
Life d'avoir la bonté de chaffer

Ce Cadet effronté
Qui fous le nom d'une fille Suivante
Donne carriere à fa langue infolente.

J'ignore ce que l'Auteur a voulu dire
par-là. Veut-il faire entendre qu'il foup-
çonne que cette Suivante eft un homme
déguifé ? C'eft avoir bien mauvaife opinion de Life , & donner une cruelle at-
teinte à fa réputation. *Ce Cadet effronté :*
Eft-ce un terme pour exprimer la hardieffe
de cette fille ? en ce cas je le crois très-
impropre. La Suivante attaquée , & que
Fierenfat menace de faire enfermer , fe re-
fugie auprès de fa Maîtreffe pour lui dire :

Parlez - lui ,
Il pourroit bien vous enfermer auffi.

Et lorfque Life lui a demandé ce qu'il
faut qu'elle dife , elle lui répond, *des injures.*
L'Auteur eft affez malin pour avoir voulu
faire entendre que c'eft là l'ordinaire ven-
geance des femmes. Il a tort. Quand elles
l'ont réfolu , elles fe vengent plus fenfi-
blement ; & certes , ce n'eft pas là le moyen
de faire fa cour au beau fexe. Fierenfat
pourfuit toujours fes impertinences , &
voyant que Life ne lui répond rien :

Le Dieu d'Hymen (dit-il ,) a-t'il donc bouche clofe ?

Et plus loin :

N'osez - vous donc m'expliquer votre feu ?

Lise se voyant dans la nécessité de lui répondre , lui demande s'il se souvient qu'il a un frere : Mais à qui le demande - t'elle ? S'imagine t'elle que le sang parle assez chez lui pour l'en faire ressouvenir ? Elle ne connoît pas encore son futur époux ; le bien sçait lui tenir lieu de pere, de frere , d'épouse & de parent. Voici comment il répond à Lise :

Un frere ! moi . . . . je ne l'ai jamais vû ;
Et de chez vous il étoit disparu ,
Lorsque j'étois encor dans notre école
Le nez collé sur Cujas & Bartole.

Quelle grossiereté ! Quel mauvais naturel ! On sent parfaitement que par ces vers , l'Auteur prétend établir que les deux freres ne se connoissent point. Mais que le tour dont il se sert pour cela est révoltant ! Et lorsque Lise a dit à Fierenfat , qu'avant de l'épouser elle veut qu'on raye du Contrat cette donation faite en sa faveur au préjudice de son frere , il lui répond en ces termes :

Lisez Cujas chapitre cinq , six , sept ,
Tout libertin de débauches infect,
Qui se souftrait à l'aîle paternelle ,
Fuit la maison, ou bien qui pille icelle.

Ipso facto de tout dépossedé ,
Comme un bastard il est exheredé.

O nature, peux-tu souffrir qu'on t'outrage de la sorte ! Terre , ne t'entrouvres-
tu pas pour engloutir un tel frere ! Voilà
pourtant les caracteres qu'on nous présente sur la Scene. Voilà ce qu'on appelle l'E-
cole de la Jeunesse.

S C E N E V. Rondon revient tout essouflé & tout en colere , & dit qu'en s'en
allant avec Euphemon , ils ont rencontré :

    Au pied de cette Roche
Un Voyageur qui descendoit du Coche.

Qu'ensuite les deux Vieillards

L'un contre l'autre ont mis leurs barbes grises
Leurs dos voutés (continue-t'il ;) s'élevoient,
    s'abaissoient.
Aux longs élans des soupirs qu'ils poussoient.

Puis :

Il dit qu'il sent une douleur insigne
Qu'il faut du moins qu'il pleure avant qu'il
    signe.

Voilà un petit portrait bien ragoutant.
On peut remarquer que l'Auteur ne plaint
point les hemistiches lorsqu'il s'agit de
remplir le vers, & de suppléer à la rime :
par exemple, *au pied de cette roche ,* est

mis là attendu le besoin.

L'Auteur ne se contente pas de se distinguer par ses caracteres, il veut encore se singulariser par ses épithetes. Qui a jamais entendu dire, *douleur insigne.* Cette liaison n'est pas encore connue dans la république des Lettres : & à moins que le goût ne devienne bien mauvais, il n'y a pas d'apparence qu'elle s'y introduise de long-tems.

Le reste de cet Acte se passe en propos superflus dont je ne prendrai pas la peine de parler, ils font eux-mêmes leur Critique.

A C T E   II.

S C E N E   I. Le second Acte commence par un entretien de Lise & de sa Suivante, dans lequel l'Auteur nous présente deux portraits de longueur raisonnable. Lise définit le mariage, & termine son premier portrait par ce vers :

> Vos gens, votre livrée,
> Tout vous retrace une image adorée ;
> Et vos enfans, ces gages précieux
> Nés de l'amour, en font les plus doux Nœus.
> Un tel Hymen, une union si chere,
> Si l'on en voit, c'est le Ciel sur la terre.

Elle termine l'autre par le contraste.

Un tel Hymen est l'enfer de ce monde,

Oſerois - je dire qu'outre que ces portraits - là ſont déplacés , ils ſentent bien
le pédant. Que veut dire dans une Comédie ce parallele de l'enfer & du paradis ?
ſi cela ne ſort pas du Colege , au moins cela mérite - t'il d'en ſortir. Que veut dire
auſſi dans le cours du dernier portrait ;

Tromper ſon Maître , avoir une foibleſſe,
Y ſuccomber , ou combattre ſans ceſſe.

Cet homme croit donc le ſexe bien fra-
gile & bien ſujet à la tentation , puiſqu'il
ne trouve point de milieu entre combattre
& ſuccomber. Pour moi je rend juſtice aux
Dames , il s'en trouve qui poſſedent un
aſſez grand fond de vertu , pour ne pas re-
douter la tentation , & par conſéquent
pour n'être pas obligées de la combattre.
Mais c'eſt le deffaut de bien des géns de
juger par comparaiſon.

L'Auteur s'admire enſuite dans cette
réponſe , qu'il fait faire à la Suivante :

En vérité les filles , comme on dit,
Ont un démon qui leur forme l'eſprit.

Il n'y a cependant pas lieu de s'étonner ;
ces portraits ſont aſſez mal remplis , &
très-mal placés. Mais paſſons à l'entrée de
Madame Croupinac.

SCENE II. Cette femme eſt annon-
cée par une eſpece de Valet , qui en bé-

gayant vient faire voir qu'il n'eſt qu'un
ſot ; puiſqu'outre qu'il coupe l'interêt , &
fait languir la Scene , on ne peut tirer aucun éclairciſſement de ce qu'il doit dire :
écart qui n'eſt pas certainement pardon-
nable , malgré la riſée que l'Auteur eſpé-
roit tirer de cette prétendue ſituation. Enfin Madame Croupinac arrive avec em-
phaſe. La Suivante qui eſt phiſionomiſte ,
la fait connoître déja pour une perſonne
bruſque , mais bonne.

C'eſt en l'entendant parler que j'ai lieu
de dire avec un Critique très - juſte & très
reſſent.

Lorſque d'un caractere on forge le tableau,
Il n'en coûte pas plus de nous le peindre en
    beau.

Car il n'y a point d'impertinences qu'on
ne lui faſſe dire. Telles ſont ces expreſſions,
*que Liſe aura tous les maris qu'elle demande-
ra. Qu'elle pleure, en la voyant ſi jolie , qu'elle n'avoit qu'un époux prétendu, & que c'eſt
bien peu quand elle y penſe , & autres extra-*
vagances de même poids.

Je viens ici pour venger mon outrage ;
J'ai tout quitté (continue-t'elle) mon Châ-
    teau , mon ménage
Mon Seneſchal me verra , frémira.

* Les Gaulois , Parodie de Pharamond.

L I S E.

N'en doutez pas.

C R O U P I G N A C.

Nous verrons qui l'aura.

L I S E,

Ce fera vous.

Voilà de quelle maniere Madame Crou-pinac entre fur la Scene, & fe fait connoî-tre des Spectateurs ; je refpecte trop les Dames, & j'ai trop bonne opinion d'elles pour m'imaginer qu'il y en ait une feule capable de fentimens fi déraifonnables. Je crois même que fi l'on n'eût eu égard aux ex-cellentes qualités de l'Actrice* qui jouoit ce perfonnage, on ne l'auroit pas fouffert.

La Suivante, pour foutenir fon carac-tere d'infolente, demande hardiment à Madame Croupinac, d'où elle eft, quel métier elle fait. A quoi répond Madame Croupinac.

Mon métier eft Femme de Qualité.

Voilà une expreffion bien digne de la bizarrerie de ce caractere.

Oferois-je faire remarquer à l'Auteur qu'il n'eft pas naturel qu'une femme qui pouffe l'extravagance, jufqu'à plaider pour un mari, vienne dans une telle con-

* Mademoifelle Quinaut.

jonĉture

jon<ture faire vifite à fa Rivale, ou plutôt
l'injurier : mais, me dira quelqu'un, puif-
que vous lui fouffrez tant d'impertinences,
que ne lui paffé-vous celle-ci. Je répond à
cela que je la lui pafferois, fi comme je
l'ai déja dit,) il pouvoit exifter dans la
nature un caractere fi deteftable, mais que
je ne fçaurois fouffrir qu'un auteur qui fçait,
ou du moins doit fçavoir garder les bien-
feances, & tenir pour certain qu'on ne
doit rien mettre de révoltant fur le Théa-
tre, nous préfente cette femme, & la faffe
converfer avec Life fa mortelle ennemie.

Faifons voir maintenant plus au long
comment elle s'exprime : Elle tombe fur
le chapitre de fes amours avec Fierenfat,
& les raconte de cette maniere.

Dans Angoûléme autrefois Fierenfat
Etudioit, apprentif Magiftrat,
Il me lorgnoit : il fe mit dans la tête
Pour ma perfonne un amour malhonnête
Bien malhonnête, hélas ! bien outrageant,
Car il faifoit l'amour à mon argent
Si vous croyez qu'autre chofe lui plaife
Detrompez-vous & m'écoutez à l'aife.

C'eft ainfi que parle cette femme. On remarque dans ces vers, un genie bas, rem-
pant, on y diftingue un homme qui ne
connoît pas fa langue ; par exemple, je

B

crois qu'il faudroit dire , *Si vous croyez qu'autre chose lui plaisoit* ; au lieu *qu'autre chose lui plaise* ; car ce n'est pas maintenant, mais dans le tems passé qu'il lui faisoit l'amour. Ecouter *à l'aise* , est encore là pour la rime.

Croyez-vous , continue cette harangere, que vous puissiez en conscience ,

> Courrant de frere en frere
> Vous emparer d'une famille entiere.

Quels discours ! où est la politesse, la bienséance !

Elle poursuit sa pointe , en disant qu'elle veut intenter un procès, qu'elle y mangera tout son bien , & que le procès sera fait de maniere que ses enfans & ses petits enfans n'en pourront voir le jugement.

Une femme parler ainsi , se jetter à la tête ! Les Epouseurs sont donc bien rares ! Il est vrai qu'un genie tel que le sien , ne donneroit pas grande envie de rompre le célibat. Encore un coup où sont les bienséances ?

Lise plus modeste , lui dit qu'elle *ne veut point plaider pour un mari.* A ce mot , Madame Croupinac se radoucit, lui prodigue des douceurs. C'est *mon ange* , *mon cœur* , *&c.* Quel changement subit : mais cette femme est un vrai Prothée , elle porte toutes sortes de formes !

SCENE III. Sur ces entrefaites, Fierenfat entre résolument, & appercevant la Dame Croupinac demeure tout interdit : on le seroit à moins dans une telle circonstance : il n'y a pas moyen de cacher sa trahison : La bonne personne lui reproche son infidélité, & lui dit, *que le ciel punit les ingrats,* à quoi il répond, que le châtiment est grand.

SCENE IV. Rondon arrive tout en colere, il se plaint grossierement qu'on a fait des oppositions au mariage. La Croupinac s'efforce de se faire entendre ; mais peut-on parler à Monsieur Rondon ? son extrême politesse l'empêche d'écouter ceux qui lui parlent. Enfin, Madame Croupinac, voyant qu'elle ne peut faire entendre ses raisons, termine cette Scene par ce trait d'éloquence.

J'épouserai lui, son vieux pere, ou vous.

Phrase aussi dépourvûe de bon sens que le reste du caractere,

SCENE V. Rondon ne sçachant plus sur qui passer sa colere, entreprend Fierenfat, & l'apostrophe d'une maniere assez Comique.

Le Roi des Pédans fades.

Fierenfat, offensé qu'on ose lui dire des uérités, le prie très-impoliment de se détromper.   B ij

Je n'ai , (dit-il) jamais requis cette union.
       Que sous condition
En toutes choses allant droit à mon bien.
Car sans le bien tout le reste n'est rien.

Rondon ne manque pas d'approuver ces beaux sentimens. Lise ne peut s'empêcher de dire ;

       Quels honteux sentimens.

Lise dit ensuite, qu'il faut rayer du Contrat cette donation de tous les biens d'Euphemon en faveur de Fierenfat , au préjudice de l'Enfant Prodigue : & s'adressant à Fierenfat

Je dois, (dit-elle) le dire à vous plus qu'à
mon pere
Il est affreux de dépouiller son frere.
Et si l'interét (continue-t'elle,) a sçû vous y
       forcer
C'est un opprobre il le faut effacer.

Fierenfat blâme ce généreux sentiment

Ah ! (dit-il,) qu'une femme entend mal les
       affaires.

Rondon se met aussi de la partie.

Tu ne feras jamais une bonne maison.

Il est assez plaisant de voir une fille montrer plus de droiture qu'un pere de

famille, qu'un Juge de qui dépend la for-
tune, la vie des peuples. J'admire la justice
de Monsieur le Senechal !

Lise répond à son Pere qui l'accuse de ne
jamais pouvoir faire une bonne maison.

Si j'en fais une au moins, cette édifice
Sera d'abord fondé sur la justice.

Sur la justice ! Langage que n'entend
point Monsieur le Senechal : On me dira
que c'est afin de soutenir son caractere ;
mais ce caractere n'en sera pas moins vi-
vicieux.

SCENE VI. Euphemon vient la
douleur peinte sur le visage. Rondon lui
propose de signer le Contrat, mais il re-
fuse de le faire.

Ah! ce seroit (dit-il) outrager la nature
Que de signer en telle conjonéture.

Il rapporte que Bequillard du coche lui
a appris l'extrême misere de son fils, &
que sans doute il est mort. Fierenfat peu
touché de l'état de son frere ou de sa mort
dit.

Mon frere est mort, mais moi je suis vivant

C'est - là ce que l'on peut appeller outrager la nature. Enfin Euphemon pour
éviter de signer, se retire en disant.

Je pleure, hélas ! sa mort & sa naissance.

Beau vers , belle penſée , bien à ſa place
& bien renduë.

Rondon envoye Fierenfat après ſon pere ,
pour l'obliger à ſigner , & l'Acte finit après
quelques paroles inutiles.

Voila ce que contiennent les deux pre-
miers Actes dont l'Auteur auroit pû s'é-
pargner le travail , ils ne ſont d'aucune
utilité à la piece , car à proprement parler ,
elle ne commence qu'au troiſiéme à l'ar-
rivée de l'Enfant Prodigue.

ACTE III.

Nous voici donc enfin arrivés au troiſiéme Acte. Nous allons voir commencer
l'interêt de la Piece.

SCENE · I. L'Enfant Prodigue ouvre
cet Acte avec Jaſmin ſon Valet , ou pour
mieux dire ſon camarade de miſere. Ce Valet lui adreſſe la parole , & le fait reſſou-
venir de ſa grandeur paſſée , en lui faiſant
enviſager ſon infortune préſente ; à quoi
répond l'Enfant Prodigue en ſoupirant.

Faut-il encore qu'un Valet m'humilie,

Preuve convainquante de ce que j'ai déja avancé , qu'il n'eſt vertueux que parce
qu'il n'a plus les moyens de faillir , & qu'il
conſerve toujours ſon orgueil. Il rend enſuite juſtice à Jaſmin , & dit , que tandis

que ses amis l'ont abandonné, lui seul lui est resté fidele ; & à la sollicitation de ce Valet, il fait un portrait assez judicieux des amis d'aujourd'hui. (Il n'y a qu'un homme dénué de tout, sans secours, sans appui, qui étant secouru de quelqu'un, puisse conter cet homme au rang de ses amis, encore ne sçai-je si l'ostentation n'y auroit pas plus de part que le désir d'obliger.)

Les hommes, (s'écrie le Prodigue) sont tous
    de fer.
        Et les femmes, (répond Jasmin.)

Cette pointe me paroît d'autant plus excellente quelle reste sans repartie. On voit cependant bien qu'elle est préparée de trop loin.

L'Enfant Prodigue, après quelque morale, demande à Jasmin dans quels lieux ils sont ? *C'est*, répond le Valet, *près de Coignac, & le hazard veut que mon ancien Maître se trouve ici ; c'est un nommé Rondon, peut-être que nous en pourrons tirer quelque soulagement dans notre adversité.*

Je ne sçai si l'Auteur n'a pas honte de faire paroître son Héros dans une si déplorable situation. Je consens qu'il nous le présente dénué de biens, mais du moins qu'il ne soit point à la mendicité. Cela dément sa grandeur d'ame. Lorsqu'on a des

B iiij

talens, & qu'on demande sa vie, il faut
être ou bien paresseux, ou avoir le cœur
bien bas.

Le hazard, à qui l'Auteur prête d'ad-
mirables effets, veut qu'Euphemon pere,
soit venu demeurer dans Coignac, que
Jasmin ait servi Rondon, qu'il étoit connu
d'Euphemon : pour cette connoissance,
je ne vois pas trop où elle s'est pû faire,
car il semble qu'Euphémon n'a pas toujours
demeuré dans ce lieu, cependant il dit plus
bas à Jasmin.

Quand tu partis, tu me vis encer frais
Mais l'âge avance, & le terme est bien près.

Sil a toujours demeuré à Coignac, lorsque Jasmin dit à l'Enfant Prodigue qui lui
demande où ils font.

C'est à Coignac si je sçai mon chemin.

Il devroit paroître surpris de se trouver
dans les lieux de sa naissance, n'ayant aucun dessein de se présenter à son pere.

Enfin le hazard a tout fait pour le mieux.
Ce n'est pas tout, Madame Croupinac a
connu l'Enfant Prodigue sous un nom em-
prunté, elle l'a vû à Angoulême, dans la
splendeur, & elle arrive à propos pour le
reconnoître, (*Scene II.*) & lui fournir des
habits, cela est fort interessant.

La bonne Croupinac conte à l'Enfant

Prodigue son histoire, que le Public sçait déja. Mais il faut bien en instruire l'Enfant Prodigue, il est assez interessez dans l'affaire pour y prendre part, & l'on en quitte les Spectateurs pour quelques minutes d'ennui.

L'Enfant Prodigue, curieux de sçavoir ce qu'on pense de lui chez son pere, interroge Madame Croupinac, mais il ne trouve pas son conte au récit que lui fait la bonne Dame ; elle finit son éloge ainsi.

Un garnement de débauches perdu
Et qui peut-être est à présent pendu.

L'Enfant Prodigue avoit été libertin, il avoit mangé son bien, mais veut-on nous le représenter comme un homme plongé dans les excès les plus abominables : Aprés avoir jetté de tels soupçons dans l'esprit du Public, l'Auteur peut-il s'imaginer que son Heros interesse dans la suite.

La Croupignac engage l'Enfant prodigue à la servir.

SCENE III. Dans ce moment Euphemon entre, & l'Enfant Prodigue qui l'apperçoit, s'enfuit avec Madame Croupinac & Jasmin qui le suivent pour l'arrêter.

Quoique cette sortie de l'Enfant Prodigue ait paru extraordinaire à bien des gens, & qu'elle ait trouvé beaucoup de censeurs, je ne puis cependant la blâmer ; il paroît assez naturel qu'un fils qui a offensé son pere griévement, & qui ne sçait encore quels sont ses sentimens à son égard , se sauve à sa vûe. L'on peut même expliquer cette sortie à son avantage, & supposer que c'est l'effet d'un véritable repentir de ses fautes, & le mouvement subit d'un cœur pénétré de douleurs : Des Critiques malins diroient peut-être que c'est plûtôt l'effet de la honte que celui du repentir : mais je suis plus porté à croire le bien que le mal , ainsi je me tiendrai à ma premiere opinion , quoiqu'il me soit permis de penser que c'est pour ménager la reconnoissance du cinquiéme Acte.

SCENE IV. Euphemon à la vûe de son fils sans le reconnoître , se trouve émû, cela est dans l'ordre de la nature ; & nous en trouvons milles exemples dans divers endroits.

SCENE V. Jasmin rentre & se fait connoître à Euphemon , qui le flatte de l'esperance de le placer lui & son camarade chez son fils Fierenfat.

SCENE VI. L'Enfant Prodigue revient trouver Jasmin , qui croit lui apporter une bonne nouvelle , en lui disant *qu'ils seront tous deux Laquais chez Euphemon.* Mais lui tout troublé ne lui répond rien : cependant, à sa sollicitation , il lui

avouë qu'Euphemon est son pére. A ce mot,
Jasmin le prie d'excuser sa hardiesse.

Va, (lui dit-il,) mon cœur oppressé
Peut-il sçavoir si tu l'as offensé.

Il s'est plaint lui-même un peu auparavant de ce qu'il lui manquoit de respect.

Faut-il encor qu'un Valet m'humilie.

Et maintenant il ignore si son Valet l'a
offensé. Je voudrois bien demander à
l'Auteur, si un Valet doit moins respecter son Maître pauvre qu'opulent. Mais,
me répondra-t'il, *c'est peindre le caractere
d'un Valet,* c'est entrer dans ses sentimens
& les dévoiler. C'est aussi trop humilier
son Heros, que de lui faire recevoir des
leçons d'un Valet

S C E N E VII. Pendant ce tems arrive Fierenfat, qui d'abord s'applaudit d'avoir fait condescendre son pere à ses volontés.

Où sont ces gens, (dit-il ensuite,) qui veulent me servir.

Jasmin lui répond.

C'est nous, Monsieur.

Fierenfat demande combien ils veulent
gagner de gages : *rien,* répond l'Enfant
Prodigue. Fierenfat ne manque pas d'ac-

cepter le parti. Peut-on plus loin porter l'avarice ? Je voudrois trouver le terme assez énergique pour exprimer jusqu'où cet homme porte l'amour des Richesses. Enfin, pour finir l'Acte avec force, l'Auteur fait dire à Fierenfat, en parlant à l'Enfant Prodigue, & à Jasmin.

La Fleur, la Brie, allons suivés, faquins.

Cela révolte. Le bon sens, la raison, la bienséance, tout se trouve choqué dans cette expression grossiere : on ne doit cependant pas s'en étonner, c'est une suite du caractere. Cet Acte est un peu moins mauvais que les deux autres ; il renferme des sentimens assez beaux, mais qui se trouvent ou déplacés, ou obscurcis par de méchantes pointes qui sont toujours à l'opposite. Cependant, il jette de l'intérêt dans le reste de la Piece, & attendrit les Spectateurs en faveur de l'Enfant Prodigue, c'est dommage qu'on prenne tant de soin de l'avertir.

ACTE IV.

S E E N C I. L'Enfant Prodigue, Madame Croupinac & Jasmin, ouvrent le quatriéme Acte. Les habits que porte l'Enfant Prodigue & Jasmin, sont un effet de la libéralité de cette bonne Dame ; mais

elle veut du retour ; elle prétend que l'Enfant Prodigue lui aide à ratraper son Séne-
chal , en rendant Lise amoureuse de lui.
Cette femme tient une conduite tout à fait
édifiante.

SCENE II. Dans ce tems , Lise entre heureusement sur la Scene avec sa Suivante : mais l'Enfant Prodigue qui l'apperçoit s'enfuit au plus vite ; sans doute pour
leur laisser la liberté de s'entretenir.

SCENE III. Cette sortie qui est la
même que celle du troisiéme Acte , est bien
moins naturelle ; on peut éviter la vûë de
son pere , & rechercher celle de sa Maîtresse. *Scene IV.* Jasmin revient aussi comme au troisiéme Acte : il est chargé de demander pour son Maître , un entretien
avec Lise, ce qu'elle ne veut pas lui accorder , croyant que c'est Fierenfat. L'Enfant
Prodigue entre , & Lise sans le voir lui dit,
(*Scene V.*)

Que voulez-vous, Monsieur?

L'Enfant Prodigue.

Ce que je veux !

La mort.

Et en même tems il se jette à ses pieds,
j'avoue que ce coup de Théâtre m'a paru
bien frapant. Il est dans la nature, & même
assez bien amené ; quoiqu'on eut pû évi-

ter de faire sortir l'Enfant Prodigue de dessus la Scene.

Après quelques beaux sentimens de
part & d'autre, l'Enfant prodigue dit que
son unique recours est de servir soldat.

Ce désespoir, (dit Lise,) est d'une ame bien
   haute,
Et part d'un cœur au dessus de sa faute.

Il est vrai. Mais avoit-il moins de cœur
étant réduit à la mendicité, qu'il n'en a
maintenant aux pieds de sa Maîtresse. Car
ce n'étoit pas l'envie de l'instruire de son
dessein, qui a fait reculer l'exécution de
ce projet, puisque ce n'est que le hazard
qui la conduit dans *Coignac*. La vûë d'une
Maîtresse rehausse donc bien le courage ?
Lise, contente des sentimens de l'Enfant
Prodigue, lui pardonne ; il se jette à ses
pieds pour la remercier ; on voit assez que
ce n'est qu'afin que Fierenfat, qui entre
(*Scene VI.*) le trouve dans cette posture, &
en prenne ombrage. On peut juger que
Fierenfat s'emporte, & qu'il vomit des injures. Il est là dans son fort Jasmin vient
lui faire un pot - pourri très hors de place,
& qui ne signifie rien, dans l'espérance de
l'appaiser. mais ce n'est pas un homme qui
entende facilement raison. L'Enfant Prodigue, las de ses redomontades (ainsi que
le Public,) lui adresse ces vers.

Monfieur le Senechal
Vous vous croyez fur vôtre Tribunal ;
Vos droits font nuls , il faut avoir fçu plaire
Pour obtenir le droit d'être en colere.

Après lui avoir dit qu'il devroit bien
refpecter Life.

Obfervez
Ce qu'à Madame ici vous en devez
Et quelqu'autres vers qui roulent fur le
même fujet , il fait cette impertinente ré-
fléxion.

Un jour d'Hymen , une lieure avant la nôce !

Et fort en difant.

Et comme il faut on vous eftimera.

Ces vers , quoique dans la bouche d'un
homme qui ne fçait garder aucune mefure ,
m'ont paru bien outrageans.
SCENE VII. La derniere Scene roulé
fur les moyens d'appaifer Euphemon pere.
Life , finit par ces beaux vers.

De la nature il faut que le retour
Soit s'il fe peut l'ouvrage de l'amour.

Cet Acte feroit le meilleur de la Piece ,
s'il n'y avoit point de reffemblance , & fi
l'on en eut retranché quantité de mauvaifes
plaifanteries qui y font répandues. Venons

maintenant au cinquiéme Acte qui doit
fournir un dénouement brillant & bien
filé.

ACTE V.

SCENE I. Il commence par un en-
tretient de Lise avec sa Suivante, qui rou-
le sur la crainte où elle est, qu'on ne dé-
couvre l'endroit où l'Enfant Prodigue est
caché, *Scene II.* Jasmin tout essouflé arrive:
il vient d'être interrogé par les Juges, au
sujet de son Maître. On juge bien qu'un
portrait trouve sa place dans ce lieu. Il
dépeint l'Assemblée assez au long, comme
si dans un pressant danger, on se donne le
tems de converser. Lise ensuite envoye
sçavoir si Euphemon veut bien l'entendre.
(*Scene III.*) Il vient un moment après, &
Lise donne quelqu'ordre secret à sa Suivante, c'est-à-dire, lui ordonne de tirer
l'Enfant Prodigue de l'armoire où il est
caché, & de l'amener quand il sera tems.
SCENE IV. Cette Scene est bien belle, les sentimens en sont nobles & bien
exprimés. Enfin, quand Lise s'apperçoit
qu'elle a attendrit Euphemon, elle fait
avancer l'Enfant Prodigue qui se jette aux
pieds de son pere. Ce coup de Théâtre
quoiqu'attendu, n'en est pas moins frapant;
mais il est suivi d'un pitoyable dénoue-

ment. L'Auteur ne sçachant comment faire rentrer ses personnages sur la Scene, suppose que Fierenfat (*Scene V*) accompagné d'une bande d'Archers, cherche l'Enfant Prodigue pour le conduire en prison. Il arrive justement au moment de la reconnoissance, & fait un effet tout contraire à ce qu'on devoit attendre de cette Scene de tendresse : car cette entrée fait rire quelques personnes, & hausser les épaules à tous les gens sensés.

Je ne dirai rien des mauvais vers, & des expressions dures qui se trouvent dans ce cinquiéme Acte, telles que (*Rondine*) (*d'une ample dote* (*un large don.*) Je n'aurois jamais fini.

Cette Piece quoique difforme, ne laisse pas d'avoir de grandes beautés ; on y remarque un génie pétillant, mais qui ne marche encore qu'en tremblant dans les regles du bon goût. Il semble qu'il manque à l'Auteur l'usage du monde & celui du Théâtre.

Enfin, si c'est le coup d'essay d'un jeune homme, ce morceau nous promet un Poëte capable de se faire une glorieuse réputation, & de marcher sur les traces des plus grands hommes de notre siecle.

Que cette Piece, toute imparfaite qu'elle soit, ait été attribuée à Monsieur

de V. Peut-on avancer une telle abſurdité,
Eſt-il permis de penſer qu'un tel monſ-
tre puiſſe ſortir d'une plume auſſi brillante
que la ſienne.

Quoique j'aye critiqué cette Piece, je
prie mes Lecteurs d'être perſuadé que je
n'y ait pas été porté ni par animoſité , ni
par jalouſie ; & que le ſeul déſir de recti-
fier le bon goût m'y a engagé : ſi toutefois
en critiquant , je ne m'en ſuis pas écarté.

Voilà, Monſieur , tout ce que j'avois à
vous dire de la Comédie de l'Enfant Prodigue. J'ai l'honneur d'être très - parfaitement.

V. T. H.
A. M. C.

J'Ai lû par ordre de Monseigneur le Garde des Sceaux, une *Lettre Critique sur la Comedie intitulée l'Enfant Prodigue*; & je n'y ai rien trouvé qui en puisse empêcher l'impression. A Paris, ce 3. Janvier 1737.

LA SERRE.

PRIVILEGE DU ROI.

LOUIS, par la grace de Dieu, Roy de France & de Navarre, à nos amez & feaux Conseillers, les Gens tenans nos Cours de Parlemens, Maîtres des Requêtes ordinaires de notre Hôtel, Grand-Conseil, Prévôt de Paris, Baillifs, Sénéchaux, leurs Lieutenans Civils & autres nos Justiciers qu'il appartiendra, Salut. Notre bien Amé PIERRE JACQUES RIBOU, Libraire à Paris, Nous ayant fait de lui accorder nos Lettres de Permission pour l'impression de *la Famille Comedie, Lettre sur la Broderie, Lettre Critique sur la Comedie intitulée l'Enfant Prodigue*, offrant pour cet effet de les faire imprimer en bon papier & beaux caracteres, suivant la feuille imprimée & attachée pour modele sous le contrescel des Présentes. Nous lui avons permis & permettons par ces Présentes de faire imprimer lesdits Livres ci-dessus spécifiés, en un ou plusieurs volumes, conjointement ou séparément, & autant de fois que bon lui semblera, & de les vendre, faire vendre & débiter par tout notre Royaume, pendant le tems de trois années consécutives, à compter du jour de la datte desdites Présentes. Faisons défenses à tous Libraires-Imprimeurs & autres personnes, de quelque qualité & condition qu'elles soient, d'en introduire d'impression étrangere dans aucun lieu de notre obéïssance. A la charge que ces Présentes seront enregistrées tout au long sur le Registre de la Communauté des Libraires & Imprimeurs de Paris, dans trois mois de la datte d'icelles; que l'impression de ce Livre sera faite dans notre Royaume & non ailleurs, & que l'Impétrant se conformera en tout aux Reglement de la Librairie, & notamment à celui du 10 Avril 1725. & qu'avant que de les exposer en vente, les manuscrits ou imprimés qui

auront servi de copie à l'impression desd. Livres,
seront remis dans le même état où les Approba-
tions y auront été données, ès mains de notre
très-cher & féal Chevalier, le sieur CHAUVELIN,
Garde des Sceaux de France, Commandeur de
nos Ordres & qu'il en sera ensuite remis deux
Exemplaires de chacun dans notre Bibliotheque
publique, un dans celle de notre Château du Lou-
vre, & un dans celle de notre très-cher & féal
Chevalier, Garde des Sceaux de France le sieur
CHAUVELIN, Commandeur de nos Ordres;
le tout à peine de nullité des Présentes. Du con-
tenu desquelles Vous mandons & enjoignons de
faire joüir l'Exposant ou ses ayans cause, pleine-
ment & paisiblement, sans souffrir qu'il lui soit
fait aucun trouble ou empêchement. Voulons
qu'à la copie desdites Présentes, qui sera imprimée tout au long au commencement ou à la fin
desdits Livres, foi soit ajoûtée comme à l'ori-
ginal. COMMANDONS au premier notre Huissier
ou Sergent, de faire pour l'exécution d'icelle
tous Actes requis & nécessaires, sans demander
autre permission, & nonobstant Clameur de
Haro, Chartre Normande, & Lettres à ce
contraires, CAR tel est notre plaisir. DONNE'
à Versailles le premier jour de Février, l'an de
grace 1737. & de notre regne le vingt-deuxié-
me Par le Roi en son Conseil.

SAINSON.

*Registré, sur le Registre   de la Cham-
bre Royale des Libraires & Imprimeurs de Paris,
N.   folio   conformement aux anciens
Reglemens confirmés par celui du   Février
1723. A Paris le   Juillet 1735.*

Signé **G. MARTIN**, *Syndic.*

www.ingramcontent.com/pod-product-compliance
Ingram Content Group UK Ltd.
Pitfield, Milton Keynes, MK11 3LW, UK
UKHW020051100726
13658UKWH00004B/1692